はじめに

　近年、金融機関におけるパート・派遣社員の活用はますます進んでいます。その職務は事務部門・窓口・得意先・ロビー・ダイレクトセンターなどの第一線で、金融機関の顔としてめざましい活躍ぶりです。

　金融機関では「お客様満足経営」を目指し、企業の存続と発展を大命題としています。一方、お客様から見れば、パートも派遣社員も金融機関の一員であることに変わりはありません。これからのお客様は、より一層質の高いサービスや応対を期待するようになるでしょう。金融機関という組織の一員として皆さんの「お客様満足経営」への参画意識や研鑽が求められます。

　パート・派遣社員のほとんどの人は、現在の金融機関で働く以前に、何らかの職業に就いていた経験を有する場合が多く、社会人としての基本的なマナーは、すでに習得していると考えられます。しかし、未経験の事態での対処やクレームへの対応など、とっさの判断に迷うことがあるかもしれません。

　この小冊子では、パート・派遣社員の皆さんが、お客様満足の基本となる「マナー向上」を目指すため、事例をもとに判断のポイントや応対の仕方を解説いたしました。パート・派遣社員の皆さんが自信をもって、いきいき働くことは、好ましい応対となってお客様にきっと伝わることでしょう。

　日々の業務に活かしていただければ幸いです。

2004年2月

原　良子

パート・派遣社員のための　ＣＳマナー　ＡＢＣ

●Part 1　ベーシック・マナー（困った編）
　1．ひとの話をうまく聞くには？　2
　2．私って話し下手なの…　4
　3．電話の応対ってむずかしい!?　6
　4．お部屋を案内するのは簡単!?　8
　5．お茶出しにもルールがあるの？　10
　6．応接中の上司への伝言の仕方は？　12
　7．敬語は苦手!?　14
　◆コラム：挨拶ってどうすればいいの？　16

●Part 2　スキルアップ・マナー（問題解決編）
　〈電　　話〉
　8．説明が不親切だと叱られた!?　18
　9．いきなり「責任者に代われ！」と言われた　20
　10．留守番電話に用件を入れるな！　22
　〈窓　　口〉
　11．受付後に記入伝票が違っていた!?　24
　12．閉店間際の来店客　26
　13．番号票を取ってくださいと言ったら…　28
　14．解約防止をしたら…　30
　15．投信の質問を受けたが、私には販売資格がない！　32

目 次

〈ロビー案内〉
16. 入金した金額と画面表示が違う!? 34
17. 長く待たせると叱られた!? 36
18. 記入してほしいと頼まれた 38

〈得意先〉
19. 旅行のおみやげを遠慮したら… 40
20. ついでに用事をしてほしいと頼まれた 42
21. もっと詳しい人に来てほしいと言われた 44
◆コラム：美味しいお茶の淹れ方 46

● Part 3　コミュニケーション・マナー（職場環境編）

22. 休暇がとりにくい!? 48
23. 時間内に仕事が終わらない 50
24. 上司によって指示が違う!? 52
25. 正職員の知識が足りない 54
26. お客様からセクハラを受けた！ 56

★巻末付録　チェックテスト

● スケジュール

項　目	学　習　日	復　習　日
～	月　　　日	月　　　日
～	月　　　日	月　　　日
～	月　　　日	月　　　日
～	月　　　日	月　　　日
～	月　　　日	月　　　日
～	月　　　日	月　　　日
～	月　　　日	月　　　日
～	月　　　日	月　　　日
～	月　　　日	月　　　日
～	月　　　日	月　　　日
～	月　　　日	月　　　日
～	月　　　日	月　　　日
～	月　　　日	月　　　日
～	月　　　日	月　　　日
～	月　　　日	月　　　日

● メモ欄

Part 1

ベーシック・マナー
（困った編）

PART 1　ベーシック・マナー（困った編）

1．ひとの話をうまく聞くには？

> 派遣社員のえみ子さんは営業店勤務の日が浅いため、お客様に限らず、店内でのやりとりのテンポについていけません。

えみ子：「皆さんが話していることがよく理解できなくて、これから先仕事をやっていけるか不安なの…」

先　輩：「それは困ったわね」

えみ子：「私は金融機関の経験がないので、やはり無理なのでしょうか？」

先　輩：「そんなことはないわよ、いまに慣れると思うけど…」

えみ子：「さっきも代理に頼まれたことを聞き間違ってしまって…。いやな顔をされたんです」

先　輩：「それって考えすぎよ、あまり深刻に考えないほうがいいわよ」

えみ子：「そうでしょうか…」

好ましい応対

- よく聞き取れないときには「すみません××のことがよくわからないのですが」とあせらずに質問することです。
- 支店内で使われる「専門用語や略語」は一覧表を作り、自分で書いてみるとよく聞き取れるようになります。

トーク：「××は〜のことでしたね」と確認します。
- 「たぶんこうだろう」と勝手な解釈をしないように。

Thinking Point！(シンキング ポイント)

　相手との話のすれ違いを避けるには、「よろしいですか」と、相手の理解を確かめることが肝心です。そして、次に何を言おうかと心の中で予習しながら自分の発言に気をとられていたり、相手の話の腰を折って割り込んだり、他のことを考えている、他に気になっていることがあるなど、気が散っているときは、うわの空になり、正しく聞くことはできません。

　聞き上手になるには、わからないことは質問する、発言を繰り返し確認する、「ハイ・エエ・そうですか」など適度なあいづちで間を取ること、そして視線を合わせ、豊かな表情でうなずき、きちんと聞いていることを相手に伝えることです。

PART 1 ベーシック・マナー（困った編）

2．私って話し下手なの…

> 派遣社員のえみ子さんは説明が苦手です。うまく話さなければと思うと、自分でも何をしゃべっているのかわからなくなるのです。

えみ子：「さっき、うちの支店の場所を聞かれたんだけれど、説明がよくわからないと言われてしまったの…」
同　僚：「そうなの？」
えみ子：「早く言わなければと、あせっちゃうのよ」
同　僚：「そうよね、わかりの悪い人もいるしね」
えみ子：「そうなのよ、イヤになっちゃう！」
同　僚：「ホントよね、しっかり聞いてよって言いたくなるわよね」
えみ子：「そうよね、あまり気にしなくてもいいのかなあ」

好ましい応対

● わかりやすい説明をするには相手の知っていることを確かめて、それをもとにして話します。

トーク：道案内の場合には、「近くで知っているところ（建物）はありますか？」「今どこにいらっしゃいますか？」「交通手段は何を使いますか？」など確認します。

トーク：また、徒歩や車の所要時間や距離の目安を伝えます。「そこから何メートル位です、歩いて何分です」

● 理解やわかりにくい点を確認します。「よろしいですか、おわかりいただけましたか？」、そして「お気をつけて、お待ちしています」などと挨拶の一言を加えます。

Thinking Point！

わかりやすい話し方をするには、うまく言おうと意識しすぎないことです。伝えたい要点をシンプルにまとめ、結論から話し、ポイントは復唱して確認します。

必要に応じて、パンフレットや資料を使って説明することは効果的です。また、「〜と思うのですが…」「〜なので…」「〜ですが…」などと、あいまいな言い方は禁物です。「です・ます」と、意思表示をはっきり語尾で表します。「例えば〜」と具体例を挙げることも必要です。

「徒歩で」などの書き言葉は、「歩いて」などの話し言葉に言い換えます。極力、相手に伝わる表現を心がけましょう。

また、「〜なんですかね」など、質問なのか自分の意見なのか、わかりにくい、あいまいな言い方をしないことです。

PART 1 ベーシック・マナー（困った編）

3．電話の応対ってむずかしい!?

　派遣社員のえみ子さんは、支店で後方事務をしています。毎日たくさんの電話がかかってきますが、上手に応対できないので電話応対恐怖症気味です。今日は先輩に相談しました。

えみ子：「事務をしながら電話を取るのは苦手です」
先　輩：「いろいろな内容の電話がかかってくるものね。前は私も同じだったわよ」
えみ子：「お客様が何を言っているかわからなくて…」
先　輩：「聞き取れないのよね」
えみ子：「そうなんですよ、何回も聞けないし、みんな忙しそうで代わってもらえないし、どうしたら先輩みたいに応対できるようになるでしょうか？」

好ましい応対

●よくかかってくる取引先やお客様の名前を書き上げておきます。

トーク：名前が聞き取れないときは、「失礼ですが、もう一度お聞かせください」とか「どちらの鈴木様ですか？」、「山田商会のどちらさまですか？」などと、聞き取れた名前や社名を復唱して尋ねます。

●営業店内の各係の仕事内容と担当者の名前を書き上げて、誰がどんな仕事をしているか調べておきます。

トーク：「〜さん、何々の件（例：外貨預金の金利の件）で××（会社や住所）の○○様からですが、代わっていただけますか？」と依頼します。

Thinking Point！

　自分の係によくある問い合わせに答えられることから始めます。仕事内容がわかってくれば質問に自分で応答できるようになります。そのためにも、「今さら聞くのは恥ずかしい」「忙しそうで教えてもらうのは気が引ける」との態度は禁物、疑問は持ち越さないことです。

　また、伝言メモは、どなたに（かかってきた相手に）・いつまでに（日・曜日・時間）・どうしたらよいのか（かけ直すのか、訪問するのか、かかってくるのを待てばよいのか）、名指し人がわかるように簡潔に書きます。特にお客様から伝言を頼まれなくても「電話がありました」のメモを残します。月日・時間、受けた自分の名前を忘れずに。

PART 1　ベーシック・マナー（困った編）

4．お部屋を案内するのは簡単!?

　パート社員のひろ子さんは、応接室や会議室に来客を案内するときに、ドアの開け方やソファーの置き方がマチマチでどう案内したらいいのか迷ってしまいます。同僚に聞いてみました。

ひろ子：「応接室のドアが外側と内側に開くのがあるけど、お客様には先に入ってもらうのは同じですよね？」

同　僚：「そうね、でも内側の場合はお尻が外に突き出てしまって格好が悪いのよね」

ひろ子：「そういえばこの間なんか、支店長室に案内したお客様が下座(しもざ)に座ってしまったの」

同　僚：「支店長さん困ったかもね」

ひろ子：「お茶を出しに行ったら、お客様が座るはずの上座(かみざ)に支店長が座っているのよ」

同　僚：「そうだったの！　お茶は下座に座っているお客様から先に出したの？」

好ましい応対

- 部屋の内側にドアが開くときは、自分が先に入って背中でドアを押さえるようにして、「どうぞ」と声をかけ、手で室内のソファーを指し示し、お客様を招き入れます。「只今まいりますので少々お待ちください」と挨拶をして退室します。
- お客様の中には、遠慮して自分から下座に座ってしまう方がいます。そんなときには「あちらにどうぞお座りください」と上座に誘導します。
- 上座は「長椅子・ドアから遠い席」です。支店長室のような執務室の場合は、「事務机のすぐ前にあって出入り口に近い場所」が社内席（下座）になります。
- お茶を出す順序は、お客様である上座の人からです。お客様全員に出したら、自社の上司から出します。

Thinking Point！

　応接セットは、室の広さやドアの位置などによって変則的に置いてある場合がありますから、上座は必ず確認しておくことです。本部からの訪問客を会議室に案内する場合は、「出入り口から遠い方・中央の席」が本部用の上席です。

　また、店頭ロビーの簡易応接セットでは、防犯面の配慮が必要になります。現金のやりとりや貸金庫開閉の様子が他のお客様から見えない席へ案内するなど、位置に気を配ります。

PART 1 ベーシック・マナー（困った編）

5．お茶出しにもルールがあるの？

> パート社員のひろ子さんは1日に何回もお茶出しをします。こぼさずに、商談の邪魔にならないように出そうとすると緊張してしまうのです。先輩にコツを聞いてみました。

ひろ子：「話し中のお客様へお茶を出すのは難しいですね」
先　輩：「邪魔にならないようにしなければいけないからね」
ひろ子：「書類がテーブルの上に出ているとこぼさないか、心配で…」
先　輩：「応対している行員が手伝ってくれるといいのよね」
ひろ子：「この間は3人分用意していったら、いつの間にか4人になっていて、あせってしまいました」
先　輩：「そうそう結構あるわね、とっさに判断しないとね」

好ましい応対

- 息がかからないように、お盆は胸の高さで持ちます。
- ドアをノックして入室したら軽く一礼します。
- サイドテーブルにお盆をおき、茶托(ちゃたく)を両手で持ち上座から出します(サイドテーブルがないときはお盆を持ったまま片手出し)。
- テーブルに書類が出ているときは「恐れ入ります」と声をかけて、置き場所を作ってもらいます。
- 出し終えたら、お盆は表を外側にして脇に持ち、一礼して退室します。
- 人数が増えているときには、用意したお茶をまず出して、社内の下座の人に小声で「すぐにお持ちします」と伝え、後で持って行きます。

Thinking Point!(シンキングポイント)

お客様の右斜め前に茶碗の正面(絵柄が見えるほう)を見えるように出します。席が遠いときには手前で一度仮置きしてからゆっくり出します。万が一のときのために、小さな布巾(ふきん)をお盆に乗せて持参します。

長い時間の(30分以上が目安)お客様には、初めに出した飲み物を下げてから、お茶・コーヒー・紅茶など、新しい飲み物に差し替えます。ただし、社内の応対側が早く切り上げたいときには、差し替えると長くなり困る場合もありますから、メモを入れるなどをして指示を仰ぐのが無難です。商談中には挨拶は小声で、お辞儀などの動作ははっきりとします。

PART 1 ベーシック・マナー（困った編）

6．応接中の上司への伝言の仕方は？

　パート社員のひろ子さんの勤務する店には来客が多く、接客中にも支店長への電話や次々にお客様が来るので、大忙しです。スマートな連絡方法が知りたいと思うのです。

ひろ子：「接客中の支店長へ取り次ぐのが難しいわ」
同　僚：「そうよね、急ぎらしい様子の電話を来客中と言って断ったことがあるわ、チョット迷ったけどね」
ひろ子：「本当よね、どちらが大事なお客様かわからないし…」
同　僚：「約束してある方なのかどうかわからないものね」
ひろ子：「後から、どうしてつながなかったと言われても困るわよね」

好ましい応対

- 応接中の支店長とアポイントがあるお客様が来店したり、急ぎの電話がかかった場合は、他の役席者の指示を受けます。支店長へ連絡する場合は口頭ではなく、メモにして知らせます。
- 軽くノックして入り、会釈をしてお客様に「お話中失礼します」と声をかけ（または用談の邪魔にならないように目礼）、一礼して支店長にメモを手渡します。
- 支店長に指示をもらい、お客様に「失礼いたしました」と挨拶をして退室します。
- 一方の、待っていただくお客様には「すぐにご案内します。恐れ入りますが、こちらでもうしばらくお待ちください」と挨拶をします。

Thinking Point！

急ぎの電話の場合には「途中で取り次いでよろしいですか」とあらかじめ伺っておくことです。

アポイントがある方を待たせるのはたいへん失礼です。次長や他の管理者が挨拶することが好ましいので、「〇〇様にお待ちいただいています」と報告します。居留守と誤解されないように状況を丁寧に伝えます。

支店長以外の行員への連絡も同様にします。

また、来客に外線から電話が入った場合にも、支店長にメモを見せて、その旨を伝えてもらいます。

PART 1 ベーシック・マナー(困った編)

7．敬語は苦手!?

> パート社員のひろ子さんは敬語が苦手です。意識しすぎると肝心の用件をうまく話せなくなってしまうのが悩みです。敬語上手の先輩に相談しました。

ひろ子：「丁寧に話さなければと思うと、あせってしまって…」
先　輩：「敬語は厄介よね。でもマスターしなければね」
ひろ子：「どうやって覚えたらいいですか」
先　輩：「そうね、言い終わりを丁寧にするようにしたら？」
ひろ子：「言い終わり？」
先　輩：「そうよ、例えば〈来る〉をお客様向けと自分に対して使う言い方で区別できれば相当ラクになるはずよ」
ひろ子：「お客様には〈いらっしゃる〉自分には〈まいる〉」
先　輩：「その調子！」

好ましい応対

- 敬語上手の一歩は、普通語を尊敬語（相手に）と謙譲語（自分に）に言い換えることです。
- トーク：「いる・する」…「本日はご自宅にいらっしゃいますか？」「私は店におります」「こちらになさいますか？」「そういたします」
- トーク：「言う」…「お客様なんと申しましたか？」と間違えやすいので「何とおっしゃいましたか？」と正しく使います。
- 「行く・来る・見る・言う・聞く・書く・知る」などの使い分けは必須です。
- 品位を保つための丁寧語は、「です・ます・ございます」のほか、「今日を本日」「あっちをあちら」「チョットを少々」などがあります。
- コーヒーなどのカタカナ言葉には「お・ご」は付けません。

Thinking Point！

言葉づかいは心づかいといわれます。相手に敬意を払い、尊重するために敬語がありますが、社内と社外での使い分けも大切です。「社内の人をお客様に話すときには、たとえ支店長でも身内なので「支店長はいらっしゃいません・お出かけです」などと尊敬語を使いません。「おりません・出かけております」と謙譲語を使います。「山田支店長は敬称」「支店長の山田は職名」ですから、お客様には職名で話します。尻上がりの言い方「～ほう・～みたいな・～的には」などの癖は直します。馴れ馴れしい友達言葉やお年寄りへの幼児言葉も失礼です。

●コラム

挨拶ってどうすればいいの？

「長いこと待たせたのに挨拶もない」「いい大人なのに挨拶ひとつろくにできない」などと反感をもたれるのは、応対者の人となりや教養が問われているといっても過言ではありません。

挨拶は「感謝・謝意・謙虚」の気持ちを言葉にして相手に伝えることです。そして、人と人との関係を和らげ、心地よくするクッションの役割をします。また、どんなに親しくなっても一定の距離を保つため、特に、お客様に馴れ馴れしく失礼のないようけじめを表す働きをします。

このように挨拶は、とりわけサービス業で働く者が等しく身に付けるべきマナーですから、忙しいから挨拶ができないとの言い訳は絶対に通用しません。店内での挨拶を気持ちよく交わせていれば、お客様への声も自然に出るはずです。明るい声で率先して挨拶をしましょう。

〈**基本的な挨拶用語**〉
*ありがとうございました…最も使いたい挨拶言葉
*いらっしゃいませ…お迎え入れ
*かしこまりました…用件を伺う（わかりました）の意味
*お待たせいたしました…用件のお返し・電話での応答
*恐れ入ります…相手に何かを頼むときにつける
*失礼いたします、ですが…話しかける、尋ねるとき
*申し訳ありません…間違えや非礼を詫びる
*またどうぞお越しください…お見送り
*おつかれさまでした…外出から帰ってきた、ねぎらうとき
*お先に失礼いたします…先に帰るとき
*お願いいたします…何かを頼むとき
*今よろしいですか…仕事中の人に話しかけるとき

なお、電話を切るときに「お忙しいところご連絡をいただきましてありがとうございました」などと挨拶ができれば、お客様に好感をもっていただけることでしょう。

Part 2

スキルアップ・マナー
(問題解決編)

PART 2 スキルアップ・マナー〈問題解決編〉〈電話〉

8．説明が不親切だと叱られた!?

> 派遣社員のえみ子さんは、ある日、お客様から叱られてしまいました。

お客様：「振込をしたいのだけれど、手数料はいくらかしら？」
えみ子：「ハイ、〇万円未満なら××円です」
お客様：「××円！　ずい分高いのね」
えみ子：「ＡＴＭでやってもらうと安くはなりますが…」
お客様：「ＡＴＭ？　ああ機械のことね、いくら安くなるの」
えみ子：「ただ、カードを使ってもらうようになりますが…。××円です」
お客様：「それなら初めからそう言ってくれればいいじゃないの。不親切ね！」
えみ子：「エッ!?　窓口でするのだと思ったので…」

好ましい応対

●お客様の質問に聞かれたことだけを答えるのでは、冷たい印象を与えてしまいます。お客様が何を望んでいるかを確かめます。

トーク：「窓口での振込をご希望ですか。ＡＴＭ利用の場合と手数料が違いますが、どちらになさいますか？」
「××円です、ただし機械をご利用になれば××円です、もしキャッシュカードをお持ちでしたらＡＴＭのほうがお安いですよ」

Thinking Point（シンキングポイント）!

お客様からの質問の意図を確認して、すれちがい説明を避けます。また一問一答の事務的な応対は不親切な印象を与えてしまいます。「ＡＴＭですと、15時過ぎても手続きができますよ」など、「それは知らなかった、聞いてよかった」とプラスワンの情報を加えます。

さらに「同じ口座に振り込むのなら振込カードを作れば次回から操作が簡単ですよ」や「なお付け加えますと、〜の場合は〜となります」と先取りした説明ができれば行き届いた共感的応対になります。お客様は当然わかっているはずだからと説明を省略したり、忙しいから余計なことは言わないでおく、といった自分中心の姿勢がお客様の不満につながるのです。

PART 2 スキルアップ・マナー〈問題解決編〉〈電話〉

9．いきなり「責任者に代われ！」と言われた

派遣社員のえみ子さんが電話に出ると、お客様からいきなり怒鳴られてしまいました。一方的な言い方なので、ついこちらも感情的になってしまいました。

お客様：「おい！責任者に代わってくれ」
えみ子：「ハッ？どちら様ですか」
お客様：「あんたじゃわからん、責任者に代われと言っているんだ！」
えみ子：「そう言っても、どんな用件でしょうか…」
お客様：「しつこいな！代わればいいんだよ」
えみ子：「どなたかわからない方の電話をつなぐわけにはいきませんので！」
お客様：「なんだその口のきき方は！」

20

好ましい応対

- お客様の剣幕にあわててしまって、支店長にいきなりつながないことです。

トーク：「失礼ですが、どちらさまでいらっしゃいますか？」

トーク：「ご用件によってどの担当につなぐか役割分担がありますので、お聞かせいただけませんか？」

- 落ち着いて尋ねます。
- あまりしつこく聞くと、かえって怒ってしまう方がいるので注意します。

トーク：「責任者に代われとおっしゃっていますが、名前を言ってくれません。出ていただけませんか？」と直属の上司に依頼する。

Thinking Point！

　怒鳴っている方へは、内容（事実の報告）と様子（怒りの程度）を冷静に聞く。自分の感情を優先して主観的にならないようにします。「責任者を」と言われた場合には、店内の誰につなげばよいのか（通常は直属の上司）、直属上司が不在または電話中のときにはどうするか店内ルールの対応の仕方を確かめます。

　特殊な対応が求められる例（意図的・故意）の場合は「責任者を出せ！」が常套手段であり、決して支店長に直につながないことです。さらに、自分で対応しようと頑張りすぎないことです。また、こんな電話があったなどとむやみにしゃべらないこと。

PART 2　スキルアップ・マナー〈問題解決編〉〈電話〉

10. 留守番電話に用件を入れるな！

> 　派遣社員のえみ子さんは、自分にかかってきた電話に出ると、先程、上司の指示で電話をしたお客様から叱られてしまいました。とてもショックです。

お客様：「用事は直接話してくださいよ。留守電に入れるのは非常識だぞ！」
えみ子：「ハイ、急な用件だったもので…」
お客様：「そちらにとっては急ぎかもしれないけどね、間違えて『控え』を渡したのはそっちだろう。それを急いで持って来いと呼びつけるのはどういうことなんだ！」
えみ子：「私が間違ったのではないのですが…」
お客様：「だってあなたの名前が入っていたじゃないか！」
えみ子：「電話したのは確かに私ですが…」

好ましい応対

- ●家族をはじめ、どなたが聞くかわからないので、留守電には具体的な用件を入れないことです。
- ●お客様は「留守電に入れた行為」と「店のミスなのに持って来いと呼びつけた態度」の両方に腹を立てています。
- ●自分のミスでなくても、責任逃れの言い訳と受け取られる言い方は避けます。

トーク：「メッセージを残したのは私です。申し訳ありませんでした。これからは気をつけます」

トーク：「○○様が先程、納税でご来店のとき、窓口の間違いで、こちらの控えをお返ししてしまいました。近いうちにこちらにお越しになるようならお持ちいただきたく、ご連絡を差し上げました。こちらの勝手な言い方をいたし、誠に失礼いたしました」と、内容を具体的、かつ、丁寧に伝えます。

Thinking Point！

　不在宅には留守電への連絡はせず、改めてかけ直すのが原則。急ぎの用件の場合には「ご連絡したいことがありますので改めてかけ直します」とだけメッセージを残します。

　何度かけても不在なら「たいへんお手数ですが、こちらまでご連絡いただけませんか」とお願いする。ただし、お客様にかけてもらうのはマナー違反になるので、極力避けるべきです。

PART 2 スキルアップ・マナー（問題解決編）〈窓口〉

11. 受付後に記入伝票が違っていた!?

> パート社員のひろ子さんはテラーをしています。用件の処理をしようとしたら、お客様の記入した伝票が違っていることに気がつきました。

ひろ子：「○○様、すみません」
お客様：「はあーい。あら早いわね」
ひろ子：「いいえ、まだです。すみませんが、違う伝票で書き直してください」
お客様：「えっ！違っていたの？」
ひろ子：「そうです。あちらの記帳台にありますので…」
お客様：「どれかしら…」
ひろ子：「…」
お客様：「これでいいかしら」
とも子：「ハイ結構です。あちらでしばらくお待ちください」

好ましい応対

- 用件を受けたときにお客様の面前で確認して、違いにすぐに気づくことが肝心です。
- お客様にお手数をかけるときには「クッション言葉」を使い、依頼のトーンで話す。

トーク：「○○様、何度もお呼びしてすみません」
トーク：「伝票が違いますので、恐れ入りますが、こちら（正しい伝票を示した）に書き直していただけますか？」
トーク：「ありがとうございました。お手数をかけてすみません。もうしばらくお待ちください」

Thinking Point！（シンキング ポイント）

　記入漏れや間違いの場合には書き直しが当たり前だとの言い方をしない。お客様はたとえ自分の間違いであってもテラーの言い方がまずいとムッとします。「せっかく書いたのに」の、お客様の気持ちを受け止めましょう。

　対応が「不親切」とお客様が感じると苦情につながります。面前確認は窓口応対の基本動作、すぐに伝票や現金などカルトンの中身を確認することを習慣にします。特にご高齢者や子ども連れのお客様には何度も立たせないように。また不慣れな方には親切に説明します。

PART 2　スキルアップ・マナー（問題解決編）〈窓口〉

12. 閉店間際の来店客

> パート社員のひろ子さんはテラーです。そろそろ閉店になるとホッとしていた矢先、午後3時ぎりぎりに駆け込んできたお客様がいました。

お客様：「あーよかった、間に合ったわ」
ひろ子：「いらっしゃいませ」
お客様：「これ、お願いします」
ひろ子：「はい。振込ですね」
お客様：「そうなのよ、買い物に時間がかかってね。閉まっちゃうかとハラハラしたわ」
ひろ子：「そうですか。でも、そんなにあわてなくてもＡＴＭなら3時を過ぎても大丈夫ですよ」
お客様：「!?……」

好ましい応対

●間に合って、ほっとしているお客様の気持ちに共感します。
トーク：「まだ大丈夫ですよ。よかったですね、急いで来てくださってありがとうございます」
●ＡＴＭですむ取引なら、次回からのご利用案内のメリットを加えながら説明します。
トーク：「お振り込みですね。かしこまりました。せっかく急いで来てくださったのに失礼なのですが、あちらのＡＴＭでもお振込みができるのをご存じでしたか？」
トーク：「ＡＴＭなら午後３時過ぎでもできますよ、そのうえ窓口よりもお手数料が安いのです。よろしければ使ってみてはいかがですか？」

Thinking Point！

　閉店間際の来店客には、「もっと早く来て」とのこちらの気持ちをお客様に感じさせないこと。手続き中にシャッターが閉まってしまったら、出口の案内をして安心していただく。
　機械の操作が苦手な方には、テラーやロビー係が操作の仕方を丁寧に案内して慣れていただきましょう。「ご一緒に操作のお手伝いをしますから本日ご利用になりませんか」。そして「午後３時を過ぎても利用できること、手数料が安くなる」などを説明しましょう。

PART 2　スキルアップ・マナー〈問題解決編〉〈窓口〉

13. 番号票を取ってくださいと言ったら…

> パート社員のひろ子さんはロビー係をしています。この店ではＥＱ（店頭受付）システムが導入されていますが、面倒だというお客様がいらっしゃいます。

ひろ子：「いらっしゃいませ、こちらの番号票を取ってお待ちください」
お客様：「えっ！ いいじゃない、いつも来ているんだよ。今日は空いているし…」
ひろ子：「ええ、でも来店の方は皆さんお取りいただくことになっていますのでお願いします」
お客様：「いちいち面倒だよ、こっちは急いでいるんだよ！」
ひろ子：「でもお客様だけ特別扱いはにできませんので！」
お客様：「番号票なんて銀行の都合じゃないか！ 融通が利かないなあ、まったく！」

好ましい応対

●来店客を公平かつ順番に受け付けるため、受付順番までの所要時間の把握ができるなど、ＥＱ（Eye Queue）のメリットを理解していただきます。

トーク：「いつもご利用いただきありがとうございます。お急ぎのところ申し訳ありません」

トーク：「来店のお客様にはどなた様にも番号票をお取りいただいております」

トーク：「お手数ですがご協力いただけませんか？」

Thinking Point！

　一見客の多い店舗ではＥＱは欠くことができないシステムです。ただし不慣れな方や、面倒がる方、顔パスを利かせ割り込みたい方、ごひいきのテラーがいる方などには歓迎されないこともあります。

　だからといって、取ったり取らなかったり、お得意客や文句の多い方に便宜を図ったりするのは禁物です。ロビーの他のお客様が不快な気持ちになります。

　ＥＱを導入している店ではお客様に慣れていただくために、ロビーでのＰＲと協力を徹底することが大切です。ただし、新通帳への切り替えなど、窓口を通さず、後方で処理する場合にはＥＱは不要です。

　また、ＥＱは窓口の受付件数の調査にも役立っていることを知っておきたいところです。

PART 2　スキルアップ・マナー〈問題解決編〉〈窓口〉

14. 解約防止をしたら…

> パート社員のひろ子さんはテラーです。得意先係の山田さんから「お客様の佐々木様が、窓口の女性はしつこいわね、と怒っていたから、以後気をつけてほしい」と言われました。

山　田：「昨日、5丁目の佐々木様が来たでしょ？」
ひろ子：「はい、定期預金を解約したいと言って…」
山　田：「それがね、窓口がしつこいと機嫌が悪かったんだ」
ひろ子：「そうですか…、でも預金はすぐ解約させないようにと言われているから引き留めたのですよ」
山　田：「うん。でも言い方の問題じゃないの」
ひろ子：「それならどう言えばいいのですか！」
山　田：「まいったなあ、とにかく今度から上手に話してよね」
ひろ子：「…」

好ましい応対

●自分の預金なのに、すんなり解約できないことを不満に思うお客様の気持ちを受け止めます。理由の聞き出し方では「何に使うのか」などと尋問調にならないことです。

トーク：「ご解約ですね。これまで預けていただきありがとうございました」

トーク：「失礼ですが、本日全額お引き出しですか？」

トーク：「他の金融商品への運用をお考えなのですか？」

トーク：「何か失礼なことをして気分を悪くなさったのでしょうか？」

Thinking Point！

　満期（うれしい落ち着いた態度）と中途（いろいろ聞かれたくない不安な気持ち）など、解約といってもお客様の心理が違います。特に解約の場合は「引き留めなければ！」との気持ちが先になって、強引な態度になるので注意しましょう。一方的になったと気づいたら「すみません。つい自分ばかり話してしまいました」と素直にお詫びしましょう。

　お客様の中には、得意先係には解約を言いにくいから窓口に来る方もいます。得意先係には担当のお客様が来店したことや用件をメモなどで伝えるようにします。

　解約防止は、上司や得意先係など店内の人達の視線が気になってしまい、お客様の意思を無視した応対になりがちなので、要注意です。

PART 2 スキルアップ・マナー〈問題解決編〉〈窓口〉

15. 投信の質問を受けたが、私には販売資格がない！

> パート社員のひろ子さんはテラーです。ある日、お客様から「投資信託のことを知りたい」と言われたので、すぐに代理に代わろうとしました。

お客様：「ここでも投資信託（投信）を扱っているそうね、ちょっと教えてくれないかしら？」

ひろ子：「投信ですか。私は資格がないので、詳しい者に代わりますので…」

お客様：「？あっ、…そう」

ひろ子：「すぐ支店長代理を呼んできます」

お客様：「そんな、ちょっと聞きたいだけだから、今日はいいわ。またにします」

ひろ子：「そうですか…？」

好ましい応対

●販売資格がないため説明を避けたのですが、お客様が投信の何を知りたかったのか、ニーズを伺います。

トーク：「投資信託に興味をお持ちですか、預金とは仕組みが違うのですが、どこに関心がありますか？」(「または何かご存じですか？」)

●お客様のニーズをお聞きし、有資格者からの詳しいご案内への意向を伺います。

トーク：「いかがですか、もしお時間があれば詳しい者にからご説明いたしましょうか？」

Thinking Point！

　販売資格がない者による自行（庫）の取扱い投信のセールス等の勧誘行為は、コンプライアンス（法令遵守）上の禁止行為なので、ひろ子さんの対応は正しいといえます。ただし、投信は「怖い・苦手」の気持ちが先行して、うろたえてしまう、販売資格がないから仕方がない、自分には関係ない、との態度では、お客様に不快感を与えます。

　また購入意思が固まっていない場合に、「すぐに詳しい人に代わる」との対応は抵抗感や警戒心を招きます。資格がなくても窓口担当者としては、「預金と投信の違い」程度の一般知識は学習しておきましょう。

PART 2　スキルアップ・マナー〈問題解決編〉〈ロビー案内〉

16. 入金した金額と画面表示が違う!?

> パート社員のひろ子さんはロビー係です。機械コーナーの利用者が多い店なのでＡＴＭの利用や操作の案内に大忙しです。時にはお客様の勘違いによるトラブルもあります。

お客様：「ちょっと，この機械おかしいんじゃない！」
ひろ子：「いらっしゃいませ、どうされましたか？」
お客様：「今、私が入金した額と機械の額が違うのよ」
ひろ子：「そうですか。いくらでしたか？」
お客様：「15万円入れたのに、13万円になっているわ」
ひろ子：「お客様、お間違いはありませんか？」
お客様：「間違いないわ」
ひろ子：「でも、機械は正確ですから…」
お客様：「私がうそをついてるというの。失礼ね！」
ひろ子：「いえ、そういうわけではないのですが…」

好ましい応対

●たとえお客様の勘違いによる間違いと思われてもストレートに指摘すると、お客様の自尊心をそこねます。落ち着いて事実を確認します。

トーク：「そうですか、どのような取引で、おいくら違ったのでしょうか？」

●対処について簡単に説明をしたうえで、役席からお客様に挨拶をしていただき了解を得ます。

トーク：「早速、お調べしたいのですが、今すぐ機械を停止して開けることができません。申し訳ありませんが、次に開ける時間までお待ちいただけませんか、そのうえで調べてすぐにご連絡いたします」

トーク：「ただいま役席者からご説明いたします」

Thinking Point！

　取引内容を聞き、事実の把握をします。金額違いを調べる方法・いつ・どのように・誰から返答するか・手段（電話か、来店していただくか）等を説明します。お客様の名前・住所など連絡先や連絡可能な時間帯を確認しましょう。

　機械操作では何らかの理由で、お客様の勘違いが多いのは事実ですが、「勘違いでは？　機械は正しい！」など不快感を与えるような断定的な言い方は慎みましょう。特にご高齢者には、ゆっくり丁寧に接しましょう。

PART 2　スキルアップ・マナー〈問題解決編〉〈ロビー案内〉

17. 長く待たせると叱られた!?

> パート社員のひろ子さんはロビー係です。ロビーのソファで待っているお客様から呼ばれました。

ひろ子：「ハイ、お呼びでしょうか」
お客様：「随分待たせるねえ。どうなってるんだ！」
ひろ子：「すみません、どれくらいお待ちですか？」
お客様：「もう30分以上だよ。あとから来た人が先に帰っているんだよ！」
ひろ子：「そうですか、もうすぐだと思うのですが…」
お客様：「もうすぐって、いつまで待たせるんだ！こっちは忙しいんだよ！」
ひろ子：「すみません、今日は混んでいますのでもう少しお待ちください」
お客様：「！！！」

好ましい応対

●長いこと待っているとの申し出には「お名前・窓口・用件」を確かめます。テラーから所要時間を聞き、お客様に伝え了解を求めます。

トーク：「申し訳ありません、ただいま確かめてまいります」

トーク：「○○様、あと○分ほどお待ちください」

●順番が狂っているとのご指摘には、理由を説明します。

トーク：「お客様のご用件は手続きに少しお時間がかかります。あらかじめご説明しないで申し訳ありません。もうしばらくお待ち願えませんか？」

Thinking Point！

　来店客が多い時間帯、窓口担当者の休暇・昼休みなどいつもの人員より少ないときには、ロビーの待ち時間に関心をもち、長く待たせている方をチェックすること。混雑しているときよりもむしろ「店頭が空いているのに待たせる、順番が狂っている」ときにお客様はイライラするものです。表情などを注意してこちらから一言声かけを行います。「長くお待ちですが…、どの窓口で伺っていますか調べてまいりましょうか？」

　お客様の用件が複雑・手続きに時間がかかるものを調べて、あらかじめ案内できれば苦情は減少するはずです。こうした声かけは防犯上も重要です。

PART 2　スキルアップ・マナー〈問題解決編〉〈ロビー案内〉

18. 記入してほしいと頼まれた

> パート社員のひろ子さんはロビー係です。お年寄りの来店客が多いので、お客様から代筆を頼まれることがあります。

お客様：「悪いけれど、これ書いてもらえないかしら？」
ひろ子：「いらっしゃいませ、お客様すみませんが、ご自分でご記入いただけませんか？」
お客様：「でも細かくて見にくいのよ。手伝ってください」
ひろ子：「私が記入することはできないのです。上からそう言われていますので…。すみません」
お客様：「年寄りが頼んでいるのに、おたくは不親切だねえ」
ひろ子：「はあ！？ゆっくりで結構です。よろしくお願いします」

好ましい応対

●細かい文字の伝票は見にくいものであると、お年寄りの気持ちを察します。そのうえで代筆は原則禁止されていることを説明し記入の手助けをします。

トーク：「記入しにくくて申し訳ございません。取引の伝票はお客様ご自身の記入していただいたうえで、保管する必要があります。どうぞご理解いただけませんか？」

トーク：「私が伝票の記入箇所をご案内します。ゆっくりお書きください」

Thinking Point！

代筆は、コンプライアンスの観点から、原則禁止されています。後日のトラブルに発展する可能性があるからです。「融通が利かない、不親切だ」と叱られても、安易な代筆を習慣にしないことです。

ただし、視覚障がい者など、特別の配慮が必要な方には、金融サービスの一環として例外的に対応することがありますので、上司の指示を得ましょう。事務マニュアル上のルールを守り、決して独断で特別扱いはしないことです。

類似事項では、ＡＴＭ・パソコンなど、機械操作の代行も禁止です。操作を手伝っても、完了ボタンはお客様自身に押していただくことです。お客様の印章も面前で、そしてどこに、何か所押したか確認してもらうこと。

PART 2 スキルアップ・マナー(問題解決編)〈得意先〉

19. 旅行のおみやげを遠慮したら…

パート社員のひろ子さんは得意先担当です。訪問先で茶菓のもてなしを受けることや、何か品物を持っていくよう差し出されることがあります。

お客様:「今日はご苦労様でした。このあいだ、温泉旅行に行ったんだよ、おみやげを買ってきたから持って帰ってよ」
ひろ子:「それはすみません。でも、おみやげはいただけませんので…」
お客様:「どうして? いいじゃないか、そんな大したものじゃないよ」
ひろ子:「ええ、でも個人的に品物をいただかないようにと言われていますので…」
お客様:「たかが、おまんじゅうだよ?」
ひろ子:「はい、でも…」

好ましい応対

- おまんじゅうを店に持ち帰り、店内で皆に配っていただく。

トーク：「温泉まんじゅうですか。美味しそうですね、ありがとうございます。持ち帰って店の皆でいただきます」

- お客様に対して、上司に報告することを伝えます。

トーク：「上司よりお客様からいただき物をしないように指導されていますので、これからはおみやげ話だけを楽しみにしています」

トーク：「○○様からおみやげをいただきました」と上司に報告。

Thinking Point！
（シンキング ポイント）

　贈答・接待には内部規則があります。コンプライアンス上、お客様からの贈り物を受け取ってはいけません。お菓子程度の気軽な品物なら、個人的にもらうのではなく、店としていただく姿勢が大切です。その場合は上司に報告します（お礼を言っていただく）。決まりきった対応でお客様の気分を害さないように。お菓子といえども、いただくことが習慣にならないようにお客様に決まりを理解してもらいましょう。

　高価なもの、例えば商品券など金品類は厳に辞退しましょう。気持ちをいただいて、もらう行為は断ります。「お心にかけていただいて、お気持ちはうれしいのですが、品物をいただくわけにはまいりません。どうぞご理解ください」

PART 2 スキルアップ・マナー(問題解決編)〈得意先〉

20. ついでに用事をしてほしいと頼まれた

> パート社員のひろ子さんは得意先担当です。外回りに慣れるに従い、親しくなるお客様も増え、個人的な結びつきが強くなってきます。

ひろ子：「では、今日はこれで失礼します」
お客様：「ご苦労様、悪いけど帰り道にこれ郵便局で振り込んでもらえないかしら？」
ひろ子：「振込ですか？」
お客様：「そうなのよ、すっかり忘れていてね…、ついでに頼むわよ」
ひろ子：「でも…、お金を預かるのは困ります」
お客様：「大丈夫よ。あなたを信用しているから」
ひろ子：「はあ。じゃあ今回だけですよ」
お客様：「助かるわ！」

42

好ましい応対

●困っているお客様の状態を受け止めますが、金銭をともなう代行行為の依頼は毅然と断ります。

トーク：「それはお困りですね。でも、お取引以外で金銭を預かることや代理の行為はできないのです」

トーク：「只今は業務中なのでお手伝いできないのです」

トーク：「申し訳ないのですが、どなたかほかの方にお頼みいただけませんか？」

Thinking Point！

　親しさと馴れ合いとのけじめをもつこと。馴れ合いは不祥事の引き金になるおそれがあります。特にご高齢者には、ついついこれくらいならと受けがちですが、記憶減退・認知症の方であれば、後々のトラブルにつながりかねません。金融機関に働く者として、お客様の大切な現金や書類を持った業務中であることを忘れないこと。また、「暗証番号」の必要なカードでの預金引き出し依頼は、通帳と伝票での預かり行為と同様に考えないこと。

PART 2　スキルアップ・マナー〈問題解決編〉〈得意先〉

21. もっと詳しい人に来てほしいと言われた

> パート社員のひろ子さんは得意先担当です。田中代理から「担当先の高橋様と何かあったのか」と聞かれました。

田　中：「あなたの担当の高橋様から、電話で担当者を代えてほしいと言われたんだけど、心当たりがありますか？」
ひろ子：「実は税金や年金の改正はどうなるのかと聞かれました」
田　中：「それで君は何と言ったの？」
ひろ子：「正直に、私の業務範囲ではありませんのでよくわかりません、と言いました」
田　中：「それで高橋様はどうだったの？」
ひろ子：「仕方ないね、と言ってくれました」
田　中：「そんなことがあったのなら、報告してくれないと困るなあ」
ひろ子：「すみません。でも、代理とはいつもすれ違いで会えませんよね…」

好ましい応対

- 税金や年金など、わからないことを聞かれたときや、自分の知識不足を指摘されたときは素直に詫びること。そして「わかる者と改めて同行する」「調べて回答する」と対処します。
- トーク：「申し訳ありません。勉強不足（情報不足）で詳しいことはわかりかねます。よろしければ調べてまいりましょうか。具体的にどのようなことをお知りになりたいのですか？」
- 帰店後日誌やメモなどで上司に報告し、対応の仕方を相談します。

Thinking Point！（シンキングポイント）

「〜と思います」「確か、そうだと思います」という、知ったかぶりであいまいな回答は不信感のもとです。質問をもらい、調べて回答しながら知識が増えるというものです。そのままにしないで、調べる方法を聞いたり、店内の誰が何を知っているか、助けになる人を見つけること。上司へバトンタッチするときは同行して応対を学ぶチャンスと考えましょう。

もし、マナーの悪さからの不快感を指摘されたら、素直に詫び、関係改善のきっかけを待ちます。さらに、「前任者と比較された」「パートだから軽視された」などのマイナスの反応は、お客様との関係悪化を招くので注意しましょう。

●コラム

美味しいお茶の淹れ方

　暑い日、寒い中来てくださったお客様へ、おもてなしの心を込めて、美味しいお茶をタイミングよく出しましょう。

〈淹れ方〉
①茶碗、茶托が欠けていないか、汚れがないか確認する。
②急須や茶碗はあらかじめ温める。
③温度は80度前後のお湯を使う。
④濃さと量（茶碗の７分目）が均等になるように、人数分の茶碗に少しずつまんべんなく回し注ぐ。
⑤茶碗は底を拭き、茶托とは別々にお盆に乗せる。
⑥きれいな布巾も一緒に乗せる

〈留意点〉
①絵柄のある茶碗や茶托を使う場合には正面を確認する。
②冷たい飲み物を出すときには、コースターが濡れてコップの底につかないように拭いておく。
③紅茶やコーヒーはカップの８～９分目まで入れる。

〈タイミング〉
①応接室に案内してから、お茶を出すまでに時間がかかりすぎないように。
②お待たせするときにはお客様に先にお茶を出しておき、応対者が入室したら新しいものを一緒に差し替えて出す。
③暑い季節でも冷たいものは飲みたくない方もいるので、時には飲み物の希望を伺う心づかいも大切。

〈その他〉
①灰皿やテーブルの上はきれいにしておく。
②椅子や床の汚れもチェックする。
③爪や指先の汚れに注意し長い髪は束ねる。
④お茶出しの練習は、実際に茶碗に水やお茶を入れてやってみる。

Part 3

コミュニケーション・マナー
(職場環境編)

PART 3 コミュニケーション・マナー（職場環境編）

22. 休暇がとりにくい!?

派遣社員のえみ子さんが勤務する店では、休暇をとりにくい雰囲気があります。同僚のりつ子さんも同じように感じているようです。

えみ子：「用事があって休みをもらいたいけれど、言いにくくて…」
りつ子：「実は私もそうなのよ」
えみ子：「私はまだ入ったばかりでしょ。それなのにもう休みたいのかって言われるんじゃないかと思って」
りつ子：「代理は嫌な顔をするかもね」
えみ子：「他の人たちは休みたいとき、どうしているのかしら？」
りつ子：「私たち派遣は弱い立場よね…」
えみ子：「そうよね」

48

ふさわしい行動

- 愚痴を言うだけでは問題解決にはなりません。まず、就業ルールを確認し、定められた方法で休暇を申し出ます。

トーク：「○○代理、○日にお休みをいただきたいのですが、よろしくお願いいたします」と申し出ます。

- 同じ係の周囲の人たちにも同様に声をかけます。
- 休みの前日に仕事の引継ぎをすることは、ビジネスマナーです。
- 休暇はわかっている限りなるべく早目に申請します。

Thinking Point！

　有給休暇の取得は働く人の権利ですが、自分の休暇時に仕事がうまく回るように配慮をする姿勢は、組織の一員としての義務です。その気持ちを忘れずに、限られた人員ではお互い様の気持ちで、公平に取得する姿勢が求められます。

　そして、一覧表などに予定をあらかじめ記入して、重なったときには調整をするなど、協力し合うことです。

　小さい子どもの急な発熱など、予測のつかない事態には、助け合うことも必要です。ただし、このような場合に休む側からの「仕方がない、当たり前だ」といった自分勝手な気持ちや態度は、周囲に不快感をもたれるので慎みましょう。

　さらに、やむを得ない当日の急な休みの申し出は、なるべく早い時間に連絡をし、繁忙日には途中からでも極力出勤する姿勢があれば周囲とうまくいくことでしょう。

PART 3 コミュニケーション・マナー（職場環境編）

23．時間内に仕事が終わらない

派遣社員のえみ子さんは、最近では勤務時間内に仕事を片づけることができません。帰宅した夫に打ち明けてみました。

えみ子：「この頃、定時に仕事が終わらないの」
夫　　：「ふうーん、忙しいのかい？」
えみ子：「よくわからないけれど…、私ばかりのような気がするのよ」
夫　　：「残業になっていることを上司は知っているのか？」
えみ子：「わかっていると思うけどね」
夫　　：「勝手にやらないほうがいいよ」
えみ子：「そうかなあ。自分の能力がないみたいでイヤなんだけど…」

ふさわしい行動

- パートや派遣社員が定時に退社するのは当然なのですが、実際には時間内に仕事を終えて気持ちよく帰宅できる日ばかりではありません。残業をするときは、上司に報告（申請）します。

トーク：「残って片づけましょうか？あと30分くらいかかりそうですが」と、上司の意向を確かめ指示を受けます。

- 仕事の進捗状況（進み具合）を途中で把握するようにしてスピードアップするなど、調整ができるような力をつけましょう。

Thinking Point！

いつも仕事が残る場合には、係内の仕事配分の見直しが必要です。報告は、仕事の調整の必要性を上司に知らせることになる効果があります。仕事量の急増や不慣れな仕事に就いたばかりなら一過性の事態ですから、その時期が過ぎれば解決します。

「仕上げの時間が決まっているもの」「一緒にやれば効率がいいもの」「多くの人が関係する仕事」「今日でなくてもいいもの」など、仕事内容を考え、手順を工夫してみることは自分自身の向上につながります。そして、えみ子さんのように、残業をしてでも自分の力で、何とか終わらせたいとの意欲は貴重なことですが、独断はしないことです。また、気持ちはあっても残れない事情の仲間を批判したり悪く言うことは禁物です。

なお、状況が全く改善されないようなら、一定期間後に派遣元に相談する方法もあります。

PART 3 コミュニケーション・マナー（職場環境編）

24. 上司によって指示が違う!?

パート社員のひろ子さんはテラーです。代理と次長で指示が違うので戸惑うことがあります。正職員テラーのさち子さんに打ち明けました。

ひろ子：「次長と代理の指示が違うときは、どうしたらいいのでしょうね？」
さち子：「時々ありますよね」
ひろ子：「そうなんですよ、困ってしまいます」
さち子：「微妙ですね。内容にもよるでしょうけど…」
ひろ子：「お客様から質問があって、代理の指示で説明したのですが、別のときにその件に関し、次長は違うことを言っていたんですよ」
さち子：「違うお客様でよかったですね」
ひろ子：「まあ、そうですけど…」

ふさわしい行動

●事務処理やさまざまな説明の仕方など、上司の指示が微妙に食い違うことはよく起きるものです。それぞれの上司の指示に従うことが無難です。上司の経験や知識またはその時の営業方針などによって判断が違うこともありますから、軽率に批判することは慎みます。

トーク：納得できないときには「前に○○という指示を受けたことがありますが、今回は××でよろしいのでしょうか？」と謙虚に率直に確かめてみます。

Thinking Point！

　業務が複雑多様になり、変化の激しい状況では、上司といえども何でも知っていて、しかもできるとは限りません。時には上司の思い込みによる勘違いもあり、また上司によって得意、不得意の分野もあることなどを理解しましょう。特に営業に関する指示は、各店の事情での判断も出てきますから、前の指示に固執しない態度も求められます。

　事務処理についての疑問はマニュアルにより明確にできます。何を読めばよいか、マニュアルの種類を調べておきます。

　上司に対する先入観や自分の好き嫌いで接したり、できない点だけを取り上げる態度は好ましいことではありません。

PART 3 コミュニケーション・マナー（職場環境編）

25. 正職員の知識が足りない

> パート社員のひろ子さんは得意先担当です。出先から電話をしてもはっきりと答えられない正職員がいるので、歯がゆい思いをしています。

ひろ子：「お客様から変更届のことを聞かれてね。間違って説明するといけないので店に電話をして確かめたけれど、即答してくれないのよ」

同　僚：「私もね、取引時確認のことを質問したけど、あまりよく知らないみたいだった」

ひろ子：「まったく、頼りないわね」

同　僚：「困っちゃうわね、正職員ならもっと勉強してほしいわよね！」

ひろ子：「本当に。たくさんお給料もらっているのだから、ちゃんと自覚してほしいわよね」

ふさわしい行動

- お客様からの質問や疑問に即答できないことは応対者としては困ります。

トーク：「申し訳ありません、いま詳しい者が席を外していますので、後ほど店に戻って調べてからご連絡差し上げたいのですが、よろしいでしょうか？」

- その後は丁寧に回答し、何よりもお客様の不信感を招かないことです。
- 店内の人間関係は、仕事の成果につながりますから、頼りがいがないからといって、職場の人への暴言は慎むことです。

Thinking Point！(シンキングポイント)

　正職員よりも仕事ができる頼りになるパート社員は、増加中です。また、パート社員が新任者に仕事を教える状況も珍しいことではありません。実力が認められて嘱託や正社員への途に進むパートさんも登場しています。反面、元行員のパートさんの中には「昔、あの支店長が入行したときには私が仕事を教えた」などと過去のことを自慢げに話す人も散見されます。働く人の評価とは「現在の立場での仕事ぶり」ということを自覚しましょう。

　仕事を知らない知識不足の正職員には頑張ってもらいたいのですが、特に新任の正職員に対しては寛容な心もほしいものです。ストレス発散には、パート仲間で慰め合ったり、励まし合うことが必要ですが、正職員を攻めたてて店内に対立ムードをつくる引き金にならないよう注意が必要です。

PART 3 コミュニケーション・マナー(職場環境編)

26. お客様からセクハラを受けた！

> 　　パート社員のひろ子さんはロビー係です。お客様からセクハラまがいの行為を受けてから、ロビーに立つのが怖いのです。

代　理：「この頃、元気がないみたいだね」
ひろ子：「そうですか…」
代　理：「心配なことでもあるのですか？」
ひろ子：「別に心配事ではないのですが…、でも…」
代　理：「でも、何か言いたいことがあるのかな？」
ひろ子：「実はロビーに出るのが怖くなったのです」
代　理：「それはまた一体どうして？今までそんなことはなかったでしょう」
ひろ子：「あのう、ちょっと言いにくいのですが…」

ふさわしい行動

●セクハラまがいの行動を受けた場合は、「大人げない」と我慢せずに上司にすぐに報告をすることです。不快感は個人の受け止め方で違うものですが、その後ロビーに出るのが怖くなっているのですから、ひろ子さんにとっては重大事です。

トーク：「機械の操作を案内しているときに、男性の方から手を握られて身体を触られました。とてもイヤな気持ちがしてそれ以来、ロビー出るのが怖いのです」と報告します。

Thinking Point！

　セクハラには過剰反応は慎むべきですが、不快なら素直に気持ちを伝えます。上司に報告するときには、「いつ・誰から・どんな・そのときの対応」などについて冷静に事実を説明し、また自分の気持ちの状況などを伝えます。口頭では難しい状況なら、ロビー日誌やメモで報告する方法もあります。

　恥ずかしいとか上司に何を言われるか心配なので黙っていることはいけません。セクハラに限らず業務中の出来事は管理責任上、企業（部店）として承知しておく必要があるのです。その後の措置については上司に任せますが、自分の気持ちを切り替え、元気に仕事に取り組むよう努めましょう。

●著者紹介●

原　良子（はら　よしこ）※執筆当時

　1965年　日興証券㈱を経て、㈱東京銀行（現㈱三菱東京ＵＦＪ銀行）入行。日比谷支店人事部、業務部部長代理を歴任。
　1988年　㈱マネージメントサービスセンター入社。主幹コンサルタント・金融事業部長就任。
　1998年　独立し、ＨＡＬコンサルツ設立。代表取締役。
　ＣＳ向上・ストレスマネジメント・キャリア開発などの研修を行う。厚生労働大臣認定産業カウンセラー、日本キャリア開発協会認定ＣＤＡ、㈱セーフティネットチーフ相談員。
　主な著書：『心をむすぶＣＳコミュニケーション』（経済法令研究会）、『営業店のＣＳ実践コース』（経済法令研究会、共著、通信教育テキスト）
　ほか、業界紙など多数執筆。

パート・派遣社員のための　ＣＳマナーＡＢＣ

2004年3月1日　初版第1刷発行	著　者　原　　良　子
2016年8月10日　初版第2刷発行	発行者　金　子　幸　司
	発行所　㈱経済法令研究会

〒162-8421　東京都新宿区市谷本村町3-21
電話 代表03(3267)4811　　制作03(3267)4823

営業所／東京03(3267)4812　大阪06(6261)2911　名古屋052(332)3511　福岡092(411)0805

表紙デザイン・イラスト／森下昌彦　制作／菊池一男　印刷／日本ハイコム㈱

©Yoshiko Hara 2004　　　　　　　　　　　　　　ISBN978-4-7668-3086-6

"経済法令グループメールマガジン"配信ご登録のお勧め
当社グループが取り扱う書籍、通信講座、セミナー、検定試験に関する情報等を皆様にお届けいたします。下記ホームページのトップ画面からご登録ください。
☆　経済法令研究会　　http://www.khk.co.jp/　☆

定価は表紙に表示してあります。無断複製・転用等を禁じます。落丁・乱丁本はお取換えします。

巻末付録

パート・派遣社員のための

「CSマナーABC」チェックテスト

部店名	氏　名

＿＿＿＿＿＿＿＿＿＿／100点

【1】次の記述のうち、正しいもの・適切なものには○、間違っている・不適切なものには×を付けてください。　　　　　　　　　　　　　　　　　　　　　　　　　（@ 4点×10）

（　）(1) 人の話を聞くときは、次に何を言おうかと考えながら聞くと聞き上手になる。
（　）(2) 具体例を挙げて説明をすると、わかりやすい話し方になる。
（　）(3) 伝言を頼まれなかったときにはメモを残す必要はない。
（　）(4) 部屋の内側にドアが開くときには、自分が先に部屋に入り、後からお客様を招き入れる。
（　）(5) お客様からの質問には、聞かれたことだけ事務的に答えるのがCSになる。
（　）(6) 不在宅には、留守電に用件を入れずに改めてかけ直すのが原則である。
（　）(7) セクハラまがいの行動を受けた場合は、「大人げない」と我慢することも大事である。
（　）(8) 代筆はコンプライアンス上、原則禁止されている。
（　）(9) ご高齢者から買い物などを頼まれたら、サービスになるので、積極的に行うべきである。
（　）(10) 社内・社外の相手に関係なく、支店長のことを言うときは尊敬語を使う。

【2】次の文章の（　）内に入る適切な語句を、下の語群より選び、記号を入れてください。ただし、記号は一度しか使えません。　　　　　　　　　　　　　　　　　　　　（@ 3点×20）

(1) よく使われる①（　）や略語は、一覧表にしておくとよい。また、説明時には必要に応じて②（　）を使うことは効果的である。
(2) 上座は通常③（　）とドアから遠い席である。応接中の人へは④（　）で連絡する。
(3) 敬語には、普通語を相手に言い換えて使う⑤（　）と自分に言い換えて使う⑥（　）があり、さらに品位を保つための⑦（　）がある。
(4) 「山田支店長」の支店長は⑧（　）で、「支店長の山田」の場合は⑨（　）である。
(5) 挨拶とは、失礼のないように人間関係の⑩（　）を表す働きと、心地よい⑪（　）の役割を果たし、⑫（　）・謝意・謙虚の気持ちを⑬（　）にして伝えることである。
(6) 窓口での用件は⑭（　）確認が基本である。EQは、来店客を⑮（　）かつ⑯（　）に受け付けるメリットがある。長いこと待っているお客様への声かけは⑰（　）上も重要である。親しいお客様との馴れ合いは、⑱（　）につながるおそれがある。
(7) お茶を淹れるときは、⑲（　）と量が均等になるように、⑳（　）の茶碗に少しずつまんべんなく回し注ぐ。

〈語　群〉
A. 公平　B. 不祥事　C. 愛称　D. メモ　E. 尊敬語　F. 感謝　G. パンフレット　H. クッション
I. 言葉　J. 防犯　K. 敬称　L. けじめ　M. 人数分　N. 専門用語　O. 長椅子　P. 謙譲語
Q. 順番　R. 濃さ　S. 面前　T. 職名　U. 丁寧語

パート・派遣社員のための

「CSマナー」チェックテスト　解答

【1】(@4点×10=40点)

(1)	×	自分の発言に気をとられ、正しく聞くことができない。（P.2～3）
(2)	○	（P.4～5）
(3)	×	メモを残すのは、いわゆるホウ（報告）・レン（連絡）・ソウ（相談）の連絡にあたる。（P.6～7）
(4)	○	（P.8～9）
(5)	×	一問一答の事務的な応対になり、不親切な印象を与えてしまう。（P.18～19）
(6)	○	（P.22～23）
(7)	×	会社として管理責任上、承知しておく必要があり、我慢せずに上司にすぐに報告する必要がある。（P.56～57）
(8)	○	（P.38～39）
(9)	×	後々のトラブルにつながるおそれがあるのでお断りするのがよい。（P.42～43）
(10)	×	社外の方の応対では、社内の行職員は身内になるので、支店長であっても、尊敬語を使わず謙譲語を使う。（P.14～15）

【2】(@3点×20=60点)

①	②	③	④	⑤	⑥	⑦	⑧	⑨	⑩
N	G	O	D	E	P	U	K	T	L
⑪	⑫	⑬	⑭	⑮	⑯	⑰	⑱	⑲	⑳
H	F	I	S	A／Q	Q／A	J	B	R	M

※①P.3、②P.5、③P.9、④P.13、⑤～⑨P.15、⑩～⑬P.16、⑭P.25、⑮⑯P.29、⑰P.37、⑱P.43、⑲⑳P.46